Sie kann fliegen

SuperMaunz

**Allererstes
Lesen**

Liebe Eltern,

jedes Kind ist anders. Eines kennt bereits alle Buchstaben in der
Vorschule und kann sie zu Wörtern formen. Ein anderes lernt
das Abc beim Eintritt in die Schule. Für das spätere Leseverhalten
ist das völlig unerheblich. Wichtig aber ist der Spaß am Lesen –
und zwar von Anfang an. Darum muss sich die konzeptionelle
Entwicklung von Lesetexten an den unterschiedlichen
Lernentwicklungen der Kinder orientieren.
Unser Bücherbär-Erstleseprogramm umfasst deshalb verschiedene
Reihen für die Vorschule und die ersten beiden Schulklassen. Sie
bauen aufeinander auf und holen die Kinder dort ab, wo sie sind.

Die Bücherbär-Reihe *Allererstes Lesen* richtet sich an Leseanfänger
in der Vorschule und am Anfang der 1. Klasse. Die übersichtlichen
Leseeinheiten und kurzen Zeilen sind ideal zum Lesenlernen.
Lustige Leserätsel unterstützen das Textverständnis und
regen zum Nachdenken und zum Gespräch über die
Geschichten an. Denn Kinder, die viel Gelegenheit zum
Sprechen haben, lernen auch schneller lesen.

Sibylle Rieckhoff
SuperMaunz, die magische Katze
Lustige Abenteuergeschichten

Dieses Buch gehört:

_____

Sibylle Rieckhoff
studierte Illustration und arbeitete anschließend
viele Jahre in der Werbung. Seit 1999 schreibt sie
Geschichten für Kinder. Sie lebt in Hamburg.

Dirk Hennig,
studierte an der Fachhochschule in Münster
Grafik-Design mit dem Schwerpunkt Illustration.
Nach einer Beschäftigung als Grafikdesigner
kehrte er 2005 an den Zeichentisch zurück und
widmet sich seitdem ganz der Illustration von
Kinder- und Jugendbüchern.

Sibylle Rieckhoff

SuperMaunz, die magische Katze
Lustige Abenteuergeschichten

Mit Bilder- und Leserätseln

Bilder von Dirk Hennig

FSC
www.fsc.org

MIX
Papier aus verantwor-
tungsvollen Quellen
FSC® C110508

1. Auflage 2018
© Arena Verlag GmbH, Würzburg 2018
Alle Rechte vorbehalten
Einband und Illustrationen: Dirk Hennig
Gesamtherstellung: Westermann Druck Zwickau GmbH
ISBN 978-3-401-70816-4

www.arena-verlag.de

Inhalt

Der Zauberstein

Emma hat zum Geburtstag
einen gestreiften Stein
geschenkt bekommen.
„Ein seltsames Geschenk",
sagt ihr Bruder Ben.
Das findet Emma auch.

Der Stein funkelt
wie ein Diamant.
„Vielleicht ist es
ein Zauberstein?",
überlegt Emma.

„Quatsch!
Es gibt keine Zauberei",
behauptet Ben.

„Wir probieren es
einfach mal aus",
schlägt Emma vor.
„Wir machen die Augen zu
und wünschen uns was."

Emma reibt den Stein
in ihren Händen.
Plötzlich tanzen
Sternchen in der Luft.

 Wie viele Sternchen
kannst du entdecken?

Ben macht die Augen
wieder auf.
„Was ist das denn?",
fragt er erschrocken.
Neben dem Stein
sitzt eine Katze und maunzt.

Emma ruft aufgeregt:
„Toll! Der Zauber
hat geklappt.
Ein Kätzchen habe ich mir
schon lange gewünscht."
Sie streichelt das Tier
ganz lieb.

Die Katze sagt:
„Hallo!
Ich heiße SuperMaunz.
Ich kann sprechen
und fliegen
und bin stark wie ein Tiger.
Außerdem habe ich
magische Kräfte."

„Das musst du
erst mal beweisen!",
brummt Ben.
Er glaubt ja
schließlich nicht alles!

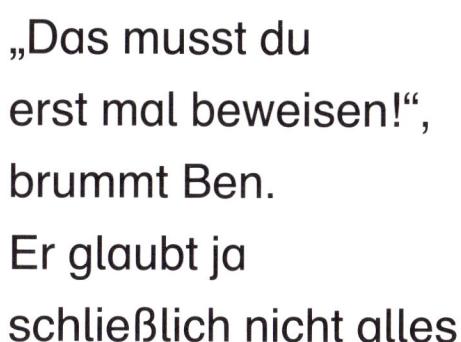

 Was ist besonders
an SuperMaunz?

Ein ordentlicher Haufen

Ben muss
Hausaufgaben machen.
Dazu hat er gar keine Lust.
Aber er hat eine Idee.
„Eine Super-Katze
kann doch bestimmt
supergut rechnen",
sagt er.

„Na logisch!
Das mache ich mit links",
ruft SuperMaunz.
Sie stupst das Matheheft
mit der Nase an.

Alle Zahlen wirbeln wild
durch die Luft
und fliegen zurück
auf die Seiten.
„Oje!", murmelt Ben.

Left notebook page:

7 + 7 = 14
5 − 3 = 22
4 + 2 = 7
7 + 2 = 4
8 + 5 = 11
9 − 7 = 79
4 + 4 = ☺

Right notebook page:

5 − 5 = 00
6 + 4 =   +
5 + 6 = 56
11 = 7 + 4
5 + 3 = ოഗ
8 − 8 = 88
9 − 3 = 3

 Was wirbelt durch die Luft?

Emma sieht sich um.
Überall im Kinderzimmer
liegen Sachen verstreut.
„Wir sollten mal aufräumen",
sagt sie.
Ben nickt.

„Das geht ratzfatz!",
ruft SuperMaunz.
Sie läuft hin und her
und stupst die Sachen an.

Wie von Geisterhand
fliegt alles durch die Luft
und landet auf Emmas Bett.

Da liegt nun
ein großer Haufen:
Spielzeug, Schulkram,
Bücher und Socken.
Alles durcheinander.

SuperMaunz sagt zufrieden:
„Na bitte! So ordentlich
war euer Zimmer noch nie."

 Welche Socken gehören zusammen?

Der fliegende Kater

„Wollen wir Fahrrad fahren?",
fragt Emma am nächsten Tag.
„Oja!", ruft SuperMaunz
und steigt auf.
Plötzlich muss Emma bremsen.

Auf dem Weg lümmeln
Otto und Krümel.
Otto ist ein großer Hund.
Krümel ist ein dicker Kater.

Meistens sind die beiden nett,
aber heute haben sie
schlechte Laune.

Otto knurrt.
Er fletscht die Zähne.
Krümel funkelt böse
mit seinen Augen.
Vorsicht –
die zwei suchen Streit!

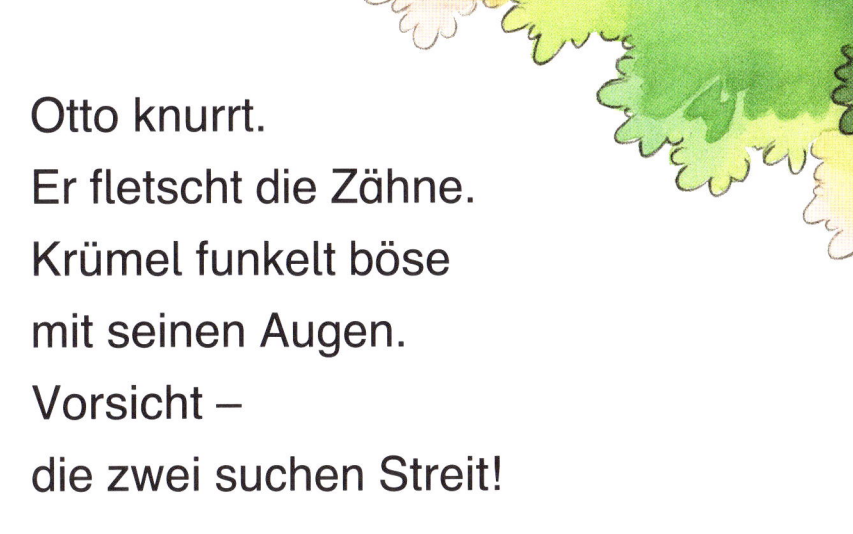

„Lasst ihr uns bitte vorbei?",
fragt Emma höflich.
Doch Otto und Krümel
denken nicht daran.

Emma zittern die Knie.
Aber SuperMaunz
hat keine Angst!

SuperMaunz packt Krümel
und wirft ihn in die Luft.
Er fliegt hoch und höher.
Otto sieht seinem Freund
verdutzt hinterher.

Dann trottet Otto
brav nach Hause,
bevor mit ihm
dasselbe geschieht.

Emma ruft:
„Gut gemacht, SuperMaunz!
Die sind wir erst mal los."

Wo ist Krümel gelandet?

31

Als Ben später
aus der Schule kommt,
plumpst Krümel
genau vor seine Füße.

Der Kater faucht
und fährt die Krallen aus.
So wütend war er noch nie!

„Dich hat wohl jemand
mächtig geärgert", stellt Ben fest.
Schnell bringt er sich
in Sicherheit,
bevor Krümel seine Wut
an ihm auslässt.

 Woher kommt Ben?

Ein Ausflug in der Nacht

Abends schlägt SuperMaunz vor:
„Wir könnten
einen Ausflug machen."
Emma erwidert:
„Es ist schon dunkel.
Um diese Zeit liegen wir
sonst im Bett."

 # Wo überall schläft schon jemand?

SuperMaunz sagt:
„Wir sehen uns die Stadt
von oben an.
Oder wir fliegen
zu den Sternen."

„Wie soll das denn gehen?",
will Ben wissen.

SuperMaunz erklärt:
„Ganz einfach:
Wir reisen auf dem
fliegenden Teppich.
Auf drei geht's los!"

Gespannt setzen sie sich
auf den Kinderzimmer-Teppich.

SuperMaunz stupst den Teppich
mit der Nase an.
Schwupp! Da wird er
zur Blumenwiese,
und alle sitzen im Gras.

„Na ja …", murmelt Ben.

SuperMaunz stupst noch einmal.
Der Teppich hebt sich vom Boden
und schwebt durch das offene Fenster
hinaus in die Nacht.

Immer schneller geht es voran!

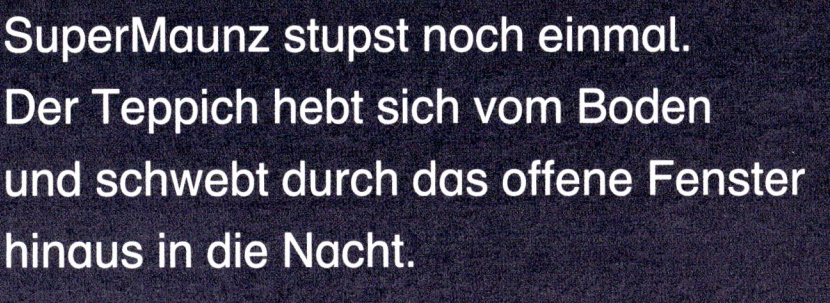

Plötzlich macht es RUMS!
Alle purzeln vom Teppich –
direkt in den Goldfisch-Teich
von nebenan!

„Wir sind mit einer Fledermaus
zusammengestoßen",
stellt Ben fest.

 Wohin purzeln Emma, Ben und SuperMaunz?

„Und was machen wir jetzt?",
fragt Emma.

SuperMaunz gähnt und sagt:
„Jetzt gehen wir schlafen.
Für heute reicht's!
Und morgen machen wir weiter."

Lösungen

Seite 13:

Es sind 14 Sternchen zu entdecken.

Seite 17:

SuperMaunz kann sprechen, fliegen und ist stark
wie ein Tiger.
Außerdem hat sie magische Kräfte.

Seite 20:

Es wirbeln Zahlen durch die Luft.

Seite 24:

Diese Socken
gehören zusammen:

Seite 31:

Hier ist Krümel gelandet:

Seite 33:

Ben kommt aus der Schule.

Seite 35:

Dort überall schläft schon jemand:

Seite 40:

Emma, Ben und SuperMaunz purzeln
in den Goldfisch-Teich von nebenan.

1. Klasse
Der Bücherbär

Allererstes Lesen

**Nina und der
freche Flaschengeist**
Zaubergeschichten
978-3-401-70194-3

Erdbeerinchen Erdbeerfee
Lustige Zaubergeschichten
978-3-401-70685-6

**Greta Glückspilz – Eine
Schultasche voller Glück**
Lustige Schulgeschichten
978-3-401-71102-7

**Tilda Apfelkern und ein
ganz besonderer Gast**
Freundschaftsgeschichten
978-3-401-70556-9

Jeder Band: Ab 5/6 Jahren • **Allererstes Lesen** • Durchgehend farbig illustriert
48 Seiten • Gebunden • Format 17,5 x 24,6 cm

**Mit Bücherbärfigur am
Lesebändchen und
Leserätseln**

Einfache Geschichten
mit kurzen Zeilen

Große Fibelschrift und Zeilen-
trennung nach Sinneinheiten

Mit Bilder-
und Leserätseln

Was für ein Dinosaurier ist der kleine Zack?

Da ruft eine Stimme
von oben:
„Du hast ja
gar keinen Hals!"

Erschrocken schaut Zack auf.
Ein Langhals!
Hochnäsig
stolziert er davon.

Viele farbige
Bilder

Innenseite aus »Zack und seine Freunde«
ISBN 978-3-401-70073-1

Die Reihe »Allererstes Lesen« ist auf die Fähigkeiten von Leseanfängern abgestimmt:
Übersichtliche Leseeinheiten und kurze Zeilen sind ideal zum Lesenlernen.
Die ausdrucksstarken Bilder unterstützen zudem das Textverständnis.

**In Zusammenarbeit mit
westermann**

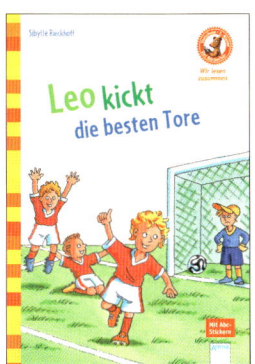

Leo kickt die besten Tore
978-3-401-70690-0

Nils und Ole – Ein Jahr voller
Abenteuer
978-3-401-70193-6

Lina und Anne –
Beste Freundinnen
halten zusammen
978-3-401-70247-6

Keine Angst vor
Seeungeheuern!
978-3-401-70235-3

Jeder Band: Ab 5/6 Jahren • Wir lesen zusammen • Durchgehend farbig illustriert
64 Seiten • Gebunden • Format 17,5 x 24,6 cm

Mit Bücherbärfigur am
Lesebändchen, Leserätseln
und großem Suchbild

Symbol zum Selbstlesen
auf den Kinderseiten

Große Fibel-
schrift und
kurze Zeilen

Viele farbige Bilder

Innenseite aus »Abenteuer im Baumhaus«
978-3-401-70670-2

Im ersten Lesejahr macht zusammen Lesen und Vorlesen mehr Spaß.
Leserätsel erleichtern das Leseverständnis, das Suchbild regt dazu an, die Geschichte
nachzuerzählen. Denn Kinder, die viel sprechen, lernen leichter lesen.

In Zusammenarbeit mit
westermann